님께

드림

박정은 시집
기억에도 향기가 있을까

초판1쇄 발행 · 2021년 05월 24일

지은이 · 박정은
펴낸이 · 이종덕
펴낸곳 · 비전북하우스

교 정 · 이현아 표 지 · 이상윤
디자인 · 이상윤 공급처 · 도서출판 소망사
　　　　　　　　전 화 · 031-976-8970 팩 스 · 031-976-8971

　　　　ⓒ 박정은 2021

등 록 · 제 2009-8호(2009. 05. 06)
주 소 · 01433 서울시 도봉구 해등로25길 41
전 화 · 010-8777-6080
이메일 · ljd630@hanmail.net

정 가 · 12,000원
ISBN · 979-11-85567-31-0　03810

* 이 책의 저작권은 저자가 가지고 있습니다.
　저자와 출판사의 허락 없이 책의 내용이나 표지를 인용이나 복제할 수 없습니다.

기억에도 향기가 있을까

박정은

CONTENTS

시인의 말 …… 10

제1부
시의 노래

11

시의 노래 …… 12
봄의 탄생 …… 13
산책1 …… 14
산책2 …… 15
당신을 위한 기도 …… 16
그대 …… 17
약속 …… 18
사랑 …… 19
석양의 이별 …… 20
바램 …… 21
미소 …… 22
당신, 어머니 …… 23
봄 …… 24
희망 …… 25
내 그리움은 …… 26

별에게 보내는 편지 …… 27
채움 …… 28
자식이라는 보석 …… 29
어머니의 봄 …… 30
동행 …… 31
열애 …… 32
시려야 가을이다 …… 33
가을이 왔음을 …… 34
기억의 표식 …… 35
당신이 좋은 이유 …… 36
당신은 하늘입니다 …… 37

제2부
그리움의 향기

39

오빠 …… 40
가을 바구니를 꺼내다 …… 41
엄마 눈이라서 그래 …… 42
그대에게 박수를 …… 43
단풍 꽃잎이 내려앉았습니다 …… 44
국화 …… 45

일장춘몽 …… 46

참기름 짜는 날 …… 47

거울이 된 호수 …… 48

딸아! …… 49

착각 …… 50

필연 …… 51

고백, 가을에게 …… 52

위로 …… 53

석류 …… 54

계절, 그 깊은 인연 …… 55

가을걷이 …… 56

사랑하는 이와 함께라면 …… 57

12월의 햇살 …… 58

우리는 바보입니다 …… 59

동동주 …… 60

빗방울들이 즐거운 이유를 아시나요? …… 61

동반자 …… 62

가로등 …… 63

봄길 …… 64

내 마음의 종달새 …… 65

선물을 드립니다 …… 66

제3부
문득, 그리운 날에
67

봄날의 그리움 …… 68
파도는 봄바람에도 흔들린다 …… 69
생일, 정후 …… 70
물끄러미 …… 71
기억에도 향기가 있다 …… 72
첫사랑은 봄을 닮았다 …… 73
사월에 내린 눈 …… 74
관계 …… 75
흉터 …… 76
사랑해, 살아있는 동안 가장 듣고 싶은 말 …… 77
하늘을 팝니다 …… 78
사랑은 커피를 닮았다 …… 79
당신 …… 80
따뜻한 안부 …… 81
등불이고 싶습니다 …… 82
꽃보다 아름다운 그녀 …… 83
위로합니다 …… 84
절정, 장미 …… 85
봄비 …… 86
소중한 친구가 있습니다 …… 87
휴식 …… 88

사랑의 시작 …… 89

재회 …… 90

가을 빗소리 …… 91

유월이 오면 …… 92

선물, 홍시 …… 93

겨울비는 고독만 남기고 …… 94

제4부
당신에게

95

사랑한다는 건 …… 96

막내야 …… 97

일 년은 삼백예순다섯 계절 …… 98

장마 안부 …… 99

그날 …… 100

꿈꾸는 아이에게 …… 101

슬픈 달의 노래 …… 102

가을비 내리는 날 …… 103

가을바람의 회상 …… 104

콩깍지 …… 105

가슴으로 피우는 꽃, 무화과 …… 106

가을이 온 것 같아 친구야! …… 107

시인들의 이야기 …… 108

어젯밤 꿈속에 …… 109

그립다는 것 …… 110

흔적 …… 111

나도 그대처럼 무던한 삶이었으면 좋겠습니다 …… 112

어머니 …… 113

청혼 …… 114

가을잎에게 …… 115

선물 …… 116

첫눈으로 다시 와주기를 …… 117

오늘 같은 날은 …… 118

얼지 않은 세월 …… 119

김장하러 왔습니다 …… 120

당신에게 …… 121

서평 (혜윰 시인) …… 123

시인의 말

꼬질꼬질 흙물 든 베신이 싫었고, 차가운 겨울바람에 빨갛게 언 볼이 창피했던 시절이 있었다. 금세 쏟아질 듯한 수많은 별들과 그 별들조차 하얗게 덮어버린 눈 쌓인 산골 생활이 시를 만들어가는 스승이었음을 지천명知天命이 되어서야 알았다.

눈으로 듣고 귀로도 볼 수 있음을 알게 해 준 내 어린 시절을 한없이 사랑하는 계절이다. 고향 하늘에서 별이 되어 시의 길을 열어주신 부모님께도 무한한 감사를 드리고 싶다.

나에게 글을 쓴다는 것은, 그리운 부모님을 만나는 것처럼 눈물 나는 일이다.

2021년 시詩가 머무는 봄날,

제1부 시의 노래

시의 노래

비가 오면 울었다가
무지개 뜨면 언제 울었냐며 웃습니다
꽃 피기도 전에 지는 꽃 아쉬워
마음은 저만치 앞서 노래합니다

달빛에 언 몸 녹이고
불어오는 바람에
그리운 님 소식 전하는 애달픈 편지

별이 되고 달이 되고 낙엽 되고
석양도 되어
하얀 백지 위에 그려보는 풍경화

오늘은 어떤 사연으로
누구를 주인공 시켜볼까

눈이라도 내렸으면 좋겠습니다

봄의 탄생

탁하고 질긴
그러나 깊은

그 속에서

투명하고 여려 보이지만
단단하고 진실된

내가
피어났다

산책 1[1]

달을 머리에 이고 걸었다
시월 밤바람이 등을 민다
등을 어루만지는 손길

당신이었네

---

[1] 새한보 2020 신춘문예 당선작

산책2

등을 미는 산들바람에
발길을 멈추었다

지난가을 떠나보냈던 진한 국화향이
가슴 가득 머문다

자꾸만 뒤를 돌아보게 된다

당신을 위한 기도

젊은 날 꿈꾸었던 삶을 살지 못할지라도
실망하지 않게 하소서
어제보다 나은 오늘이 아니었더라도
오늘보다 더 나은 내일이 있음을 깨우치게 해 주소서
지금 서 있는 자리가 빛이 없는 어둠일지라도
아침햇살보다 더 따뜻한 위로 받을 수 있음을
깨달을 수 있는 깊은 감성을 주소서
백 사람의 달콤한 말보다 한 사람의 쓴소리에
귀를 기울일 줄 아는 영특함을 주소서

그리하여,
당신이 가고자 하는 길에 아픔보다 기쁨이 많은
기름진 길을 걷게 해 주소서

그대

어제
내 마음을 들여다보니
그대가 있었습니다

오늘
내 마음이 향하는 곳에도
그대가 있습니다

먼 훗날
그리움이 아닌 동행으로
그대와 함께하고 싶습니다

그대,
참 괜찮은 사람입니다

약속

봄날의 꽃잎 부럽지 않은
노란 은행잎이 도로 가득하다

가을꽃 붉게 피면
D'oro[2]에 오겠다던 약속
벌써 잊었니, 너는

노란 은행잎
바람에 떨어져 바닥을 뒹구는데
오긴 올 거니

---

2) D'oro : 시인이 운영하는 카페 이름으로 '황금'이라는 뜻을 지니고 있다.

사랑

당신을 사랑한다는 것은
당신의 그늘과 햇살 전부를
이해하는 것이다

석양의 이별

돌아서는 발걸음 못내 아쉬워
산을 넘지 못한 붉은 저 눈물

목메어 차마 삼키지 못한 이별
뜨거운 눈물 되어
강 속에 잠겼다

무에 그리 슬퍼
가던 길 멈춰 서서
강물에 해를 뿌린 걸까

바램

하늘빛 같은 맑은 눈을 가졌으면
참 좋겠습니다
구름 같은 가벼운 생각을 가졌으면
참 좋겠습니다
하늘 같은 넓은 마음을 가졌으면
참 좋겠습니다

정말, 그랬으면 좋겠습니다

미소

향긋하다 당신 미소
맑은 웃음
봄꽃보다 환하다

별을 새긴 것처럼

기억에도 향기가 있을까

당신, 어머니

하늘의 별
당신만큼 빛날까요
내리는 빗소리
당신만큼 달콤할까요

석양에 물든 하늘
당신보다 아름답지 않고
떠오르는 태양
당신보다 벅차지 않습니다

보고픈 당신
눈 감으면 찾아올까
조용히 감아보지만
하얀 빗소리에 그리움만 더합니다

봄

파란 하늘이 열린 날

메마른 가슴 비집고
힘겹게 올라오는 너

봄이다

희망

떠난 줄 알았는데

그래도
봄은
또 오더라

내 그리움은

문득 올려다본 하늘
떠가는 그리움 하나
멀어질까 두려워
애써 불러봅니다

바람이 잡아줄까·
부탁해 보지만
냉정한 바람은
먼 산만 바라봅니다

곁에 두고 싶은 그리움
그 속에는
언제나 부모님이
환하게 웃고 계십니다

별에게 보내는 편지

달빛이 전해준 편지를 받았습니다
너무 눈이 부셔 차마 읽을 수가 없습니다
글자 하나하나가 눈물방울입니다

달빛도 행복해합니다
돌아서는 달빛에게 부탁할까요
별에게 데려가 달라고

가슴이 뛰고 눈가가 촉촉해집니다
별이 보낸 편지는 다시 하늘로 돌아갈 때에도
두 손 꼬옥 쥐고 가렵니다

우리 다시 만나요, 꼭

채움

텅 비어 있던 가슴에
그대
사랑하는 마음을 채웠습니다

자식이라는 보석

꿈을 꾸었습니다
유난히 반짝이는 조약돌을 주웠습니다
동글동글 어찌나 예쁘던지 얼른 호주머니 속에 집어
넣었습니다
꿈에서 깨고 먼저 호주머니 속부터 뒤지기 시작합니다
반짝이는 조약돌이 있을 거란 기대를 하면서 말입니다
이게 어찌 된 일일까요
손끝에 닿는 그 무엇이 내 심장을 뛰게 만듭니다
조용히 꺼내봅니다
언제 내게로 와 있었던 건지
어찌나 빛나고 아름다운지 똑바로 쳐다볼 수가 없습니다
나 아닌 그 누구도 보지 못하게 꼭꼭 주머니 속에 숨겨
놓으렵니다
나만 만질 수 있도록 숨겨 놓고 싶습니다
언젠가는 더 큰 세상에서 그 빛을 발하려고 떠날 테지만
말입니다

어머니의 봄

부슬부슬 봄비 내리는 날
메마른 어머니 머리에 눈꽃이 피었습니다
희뿌연 입김이 눈앞을 가립니다
어머니,
봄비라지만 아직은 차갑습니다

앙상한 몸 살얼음이 덮을까 봐
들어가시라 수십 번 두 손 밀어 드려도
기어이 동네 어귀 돌아 나올 때까지
살얼음 이고 계십니다

내린 차창 차마 올리지 못하고
흩날리는 봄비를 맞습니다
차창 너머 빗소리에 흠뻑 젖은 봄,
어머니 마음처럼 쓸쓸하게 따라옵니다

동행

우연이라고 하기엔
떼려야 뗄 수 없는 필연의 인연들

삶의 끝자락에 수많은 날들
기억 저편으로 떠나보내는 이
앞으로 수많은 날들
겪어 나갈 준비하는 이

가족이란 인연으로 엮여
함께 나란히 걸어가야 하는 인연들의 동행
슬프고도 아름답다

수많은 기억
저 멀리 떠나보내고
텅 빈 가슴에 또 무엇으로 채울까

그 답을 찾기 위해
동행하는 우리가 아닐는지

열애

따닥 따닥, 따닥 따닥
한 치도 흐트러짐 없는
대지와의 열애

빠르지도 더디지도 않게
조급할 것 없이
지금 속도 그대로

바람의 시샘이
방해꾼 되어보지만
어림없다

바람은 잠시 지나갈 뿐
구름은 그 자리에
빗물은 대지를 열렬히 원하고 있으니

대지도 빗물을 애타게 기다리고 있었음을

시려야 가을이다

푸른 물결 일렁이던 눈부시던 그대 미소
살포시 내려놓은 그 자리 빈 의자는
석양에 가리어진 채 공허만 가득하다

스산한 바람 소리 귓전에 맴돌면
그 미소 찾지 못해 그리움은 목이 메고
애달픈 메아리 되어 시린 가슴 파고든다

가을이 왔음을

뜨겁던 하늘
빗소리에 식어가고

귀뚜라미 울음
빗물에 젖어내린다

마른 나뭇잎 밟는 순간
가슴 시려온다면
이미 전해 받은 것이다

가을이 왔다고,

기억의 표식

그날을 기억하고 싶었을까
빛을 마주하고 선 그림자를 돌아보던 아이의 입에서
"엄마, 저 그림자 위에 색칠을 하고 싶어요!"라는
말이 튀어나왔다

찰나의 순간을 놓칠세라
엄마와의 기억을 표식으로 남기고 싶었나 보다

엄마이기에 쉽게 잊을 수 없었던 아이의 주문
뜨거워지는 어느 여름날
눈부심 속에 그려진 그림자를 무심히 보던 내 머릿속에
그날의 기억이 다시 내려앉았다

담벼락에 핀 능소화 꽃잎 몇 개 따서
그림자 위에 주홍빛 기억의 표식을 남겨본다

당신이 좋은 이유

당신이라서
당신이니까
무슨 이유가 필요하겠어
그냥 좋은 거지

기억에도 향기가 있을까

당신은 하늘입니다

올려다보면
언제나 나를 내려다보고 있는 하늘입니다
빛과 바람과 단비와 그리움을
내게만 내려주는 하늘입니다
내가 세상에 나올 때부터
어쩌면 지켜보고 있었는지 모릅니다
그러다 때가 온 거겠지요
빛으로 바람으로 단비로 그리움으로
그리고
사랑으로 내게 와 준 당신

당신이 바로 하늘인가 봅니다

제2부 그리움의 향기

오빠

아버지의 큰 산을 닮고
어머니의 넓은 바다 같은 마음을 품은 사람이
내게는 있다

부모님의 빈자리를 꽉 채워주는 사람

가진 마음 전부를
나에게 조건 없이 기부해주는 그 사람

오빠
고마워

가을 바구니를 꺼내다

예쁜 과일 바구니에 철 지난여름을 담는다
짠 땀 한 방울
진주가 박힌 샌들 한 켤레
아이스커피 속 얼음 한 컵
물방울무늬 레이스 치마 한 벌
그리고
밤 여덟시가 되어도 떨어지기 싫어하던 석양

여름밤 속삭였던 사랑 이야기도 예쁘게 담아
장미향 가득한 네모난 보자기에 싸서 넣어둔다
그러고는 또 은행잎 닮은
노란색 보자기에 싸 두었던 바구니를 풀어낸다

빨갛고 노란 가을이 가득하다
하나 둘 셋 …
꺼내도 꺼내도 끝이 없다
다 꺼내기도 전에 벌써 취하게 하는 그 무엇
진한 너의 향기,
가을의 시작이다

엄마 눈이라서 그래

웃는 모습이 어쩌면 그리 예쁘니?
엄마 눈이라서 그래

먹는 입은 어쩌면 그리 귀엽니?
엄마 눈이라서 그래

마음은 더 예쁘네?
엄마 닮았잖아

우린 어쩌면 이렇게 닮았을까?
엄마한테서 나왔으니까

그대에게 박수를

힘들게 걸어온 길
그 흔한 박수 한 번 못 받았다 서러워 마오

앞만 보고 뛰어오느라
박수 소리 듣지 못하였으니

그 흔한 박수가 아닌
그 어디에서도 받을 수 없는 귀한 박수
이제 받을 준비하소서

뒤돌아보려 하지 마오
세월은 앞으로만 흘러가잖소

그 흔한 박수 못 받았다 서러워 마오
당신을 위한 유일한 박수 뜨겁게 보내니

단풍 꽃잎이 내려앉았습니다

가을볕이 쏟아집니다
이제 소낙비는 내리지 않습니다
눈부신 가을볕은
싱그럽던 잎들마저 꽃잎으로 피웁니다

가을볕은 뒷산 바위만큼 단단합니다
뜨겁게 달구던 뙤약볕 이겨내고
고운 볕 내리기만 기다리던 나뭇잎들은
내딛는 걸음마다 꽃잎 되어 내려앉습니다

가을빛이 내립니다
더 이상 소낙비는 내리지 않습니다
눈부신 꽃잎은
어느새 마른 잎들이 되어 쓸쓸히 내려앉습니다

국화

뒤를 돌아보았습니다
그림자조차 보이지 않습니다
뒤따라오던 바람이 묻습니다
누굴 찾느냐고
국화 한 아름 안고 날 찾아오던 사람을 보았냐고 되려
물었습니다
아침이 오면 다시 오겠다며 국화향만 남기고 갔다고
바람이 대답했습니다

오늘 밤엔 국화향에서 당신 향기가 납니다

일장춘몽

불어오는 벚꽃향
가랑비에 스밀 때

꽃바람에 떠밀려
하늘을 날았는데

새벽녘 하얀 빗소리
꿈이었다 전하네

참기름 짜는 날

담장 너머 어머니 향기로 가득합니다
따닥 타닥 저마다의 소리로 향기로
차디찬 겨울바람 따끈히 데워줍니다
어머니 땀방울로 영근 참깨들이
동글동글 부풀어 오르고
세상 가장 아름다운 향기로 가슴 가득 스며듭니다

뽀얗던 몸 어느새 노르스름하게 퇴색될 때
자식 걱정에 몰아쉬셨을 한숨은
꼬순 향기에 녹아들고
팔순 어머니 입가에 어느새 환한 미소가 걸리셨습니다
그 미소에 방울방울 맺힌 참기름도 덩달아 즐겁습니다

거울이 된 호수

햇살이 눈부셔
눈을 감아버렸다

해 지고
살포시 눈 뜬 호수

어느새
당신을 비추는
거울이 되어 있었네

딸아!

손에 박힌 가시 하나에
온 살갖 쓰라리고
네 눈물 한 방울에
어미 두 눈은 짓무른다

아프지 말아라
눈물 흘리지 말아라
배곯지 말아라
하고 싶은 일은 꼭 해보거라

어미의 바람이란다
한 몸이었잖니, 우리는
사랑한다, 내 딸아!

착각

기침 한 번 콜록
꽃망울이 툭 터졌다

지금 봄 맞지?

에취!

착각이었네

필연

바람이 실어주고 가버렸다

다시 바람 찾아오면
어차피 떠날 인연

그래도 두 손 꼭 잡고
놓고 싶지 않은 인연도 있더라

고백, 가을에게

산 너머 붉은 해 떨어지고
스산한 바람 눈앞을 흐리게 합니다

차라리 바람 때문이라고
위안 삼고 싶은 시간
흔들리는 잎새 사이로
그리운 그림자 하나 그려봅니다

향기로운 빛깔 뽐내던
그 자태 온데간데없고
뒷모습만 남기고 바람처럼 떠난 그림자 위에
쓸쓸함만 내려앉습니다

부디 행복한 계절로
다시 찾아오소서
짙고 쓸쓸하게 머물수록
행복해지는 존재, 그대입니다

위로

가을비 소리에
잠 못 드는 풀꽃이 있어도
무어라 위로해 줄 말을 찾지 못했다

빗소리, 참 좋지?
이 말 밖에는

몇 마디 위로의 말보다
토닥이는 빗소리가 위안이 되어주는 밤

풀꽃이 눈부시게 웃는다

너만 있으면 돼,
내 곁에

석류

온통
가을색처럼 붉다

바람
들어설 틈 없이

뜨거운 심장으로 가득 차있을
그대 가슴처럼

계절, 그 깊은 인연

봄에 만나
여름을 함께 속삭이고
짙은 가을만큼
우리 인연도 깊어졌습니다

시린 겨울도 만났습니다
바람 제아무리 차가워도
따스한 그대 가슴이 막아 줄 테니
두렵지 않습니다

다시 만날 계절은
얼마나 따사롭고 눈부실지
그대 입가에 노란 개나리
흐드러지게 다시 피어날 겁니다

가을걷이

깨 한 줌에 어머니 땀 열두 말
동글납작 옹골지게 영근 콩 한 되에
입가에 옅은 미소 띤 어머니
반질반질 호미 자루도
어머니 미소 닮았습니다

깨 털고 콩 털고 가을마저 털고 나면
붉게 물드는 하늘
그제서야 올려다봅니다
눈치도 없이 바삐 떨어지는 시월 해
어스름 밭둑을 따라
고단한 발걸음만 재촉합니다

사랑하는 이와 함께라면

새소리 풀벌레 소리
하늘에 흐르고
꽃바람 안개 바람
은은하게 불어오는 곳

저 멀리 뱃고동
아련히 울려와도 좋고
비릿한 미역 냄새
바람 타고 묻어와도 좋습니다

비 맺힌 솔향
얼마나 달콤할지
눈 덮인 흙길은
얼마나 정다울지

그 어디라도 좋습니다
하늘과 가장 가까운 곳
사랑하는 이와 함께라면

12월의 햇살

당신과 마주했던 햇살이 기억납니다
눈부시게 피어올랐던 그리움이
한 가슴으로 스며들었던 시간

유난히 따스했던 12월 오후
한 가슴이던 눈부신 시간
행복함 눈에 담고 떠나신 아버지

아버지, 당신을 기억하겠습니다

우리는 바보입니다

사랑을 하면
바보가 되나 봅니다
오직 당신만 보이니

이런 바보만
당신은 바라봅니다

당신도 바보입니다

동동주

자기가 쌀밥인 줄 아나 봐

밥그릇에 담아 달라하고

명품 백도 아닌 것이

실실 웃게 만드네

빗방울들이 즐거운 이유를 아시나요?

두 개의 긴 선이 포개져
온전한 동그라미가 되었습니다
각자 떨어져 있어 보이지만
두 개가 하나 된 것입니다
모나지도 각 지지도 않게 말입니다
한곳에 포개져 답답할 텐데
저토록 즐거워 보이는 것은
혼자가 아니라는 기쁨 때문일 겁니다
그래서 어서 함께 낙하할 날만 애타게
기다린 거겠죠
유리창에 싱글벙글 매달린 빗방울
대화가 즐겁습니다

동반자

캄캄한 밤
그대 비춰 줄 등대는 되지 못하여도
어깨 위 나란히 날아 함께해 줄
한 마리 철새가 되어주리

여기 왔다고 알려 줄
우렁찬 뱃고동은 되지 못하여도
나지막이 그대 왔음을 전해 줄
파도가 되어주리

혼자 외로이 내려
반겨줄 이 없는 쓸쓸함이 와도
그대 어깨 말없이 토닥여 줄
포근한 가랑비 되어주리

가로등

온종일 기다리다
까맣게 타버린 가슴에
한 줄기 빛으로 다가온 너

네가,
내가 바라던 그 꿈이었으면 좋겠어

봄길

볕이 좋아 걸었습니다
지나가던 바람이 반갑다고 졸졸 따라옵니다
햇살도 신나는지 흥얼거리고
나뭇가지에 하얗게 걸쳐진
목련잎들의 수다가 요란스럽습니다
바스락대던 마른 잔디에서
포동포동 새살들이 차 오릅니다

지난겨울 눈치채지 못했던 그리움들이
양팔 벌려 반겨주는 길
혼자여도 포근한 이 길
발걸음이 참 가볍습니다

내 마음의 종달새

이른 아침
창을 열고 들려오는
단잠 깨우는 소리

아이 깜짝이야!
당신이 부르는 소리인 줄 알았어

선물을 드립니다

가진 것이 없어 줄 것이 없습니다

가슴 깊숙한 곳 숨겨둔 눈물 있다면
꼬깃꼬깃 접어두었던 손수건
기꺼이 내어 드리겠습니다

웃음 하나는
누구보다 많은 사람입니다

홀로 외로이 웃을 일 있거든
가진 웃음 아낌없이 꺼내
모두 보내 드리겠습니다

제3부 문득, 그리운 날에

봄날의 그리움

어머니를 만났습니다
하얀 매화꽃처럼 웃고 계셨습니다
두 손도 마주 잡았습니다
참 따뜻했습니다
내 얼굴을 쓰다듬어 주시며
등도 토닥여 주셨습니다
너무나 따스한 손길에 눈물이 났습니다
절대 놓지 않으려고 힘껏 손에 힘을 주었습니다

허무하게 눈 뜬 새벽
베갯잇만 젖어 있습니다
삼십삼 년 만에 만난 어머니는
딸보다 젊은 모습 그대로입니다
언제 다시 안아볼 수 있을는지
만날 날만 애타게 기다려집니다

파도는 봄바람에도 흔들린다

찰박찰박 물이 차오른다
살랑거리는 여인네 치마처럼

봄바람은 산만 흔드는 것이 아니다
우뚝 솟아 만날 일 없었던
갯바위도 부벼 보고
네 눈물에 그리움 흘려보내기도 한다

물결 소리가 점점 가까워졌다
비로소 떠날 채비가 되었다는
바람의 신호이다

왔다 가는 것이 네 숙명이겠지만
마음속 멍울 하나 새겨 놓은 너를
마냥 웃으며 보내지는 못할 것 같다

생일, 정후

우렁찬 울음소리
감동의 그 순간

널 보려 이 어미는
삼백 일을 숨죽였어

아들아,
세상 그 무엇인들
너보다 좋으랴

물끄러미

아무 생각 없이
네 눈빛과 마주했을 뿐인데

참,
눈부시다

물끄러미 바라본 이 아침

기억에도 향기가 있다

살구꽃을 그려보고
진달래를 따 먹어 보아도
거름 녹아든 흙냄새가 진동을 합니다

세상 꽃들은 흐드러지게 피었는데
봄볕에 녹아내려
한숨 섞인 아버지 땀 냄새만
바람에 실려 옵니다

그리운 향기 찾으려
개울가에 앉아 기억을 더듬어 보지만
시커멓게 그을린 구름 몇 조각
허무하게 떠내려갑니다

바람 편에 다시 실어 보내는 기억의 향기

아버지,
그곳에도 꽃은 만발하였지요?

첫사랑은 봄을 닮았다

시끌벅적
요란시럽게도 오더만

마음만 시부지기 훔치가꼬
도망칠라 쿠노

고마 보내버리기엔
아직은 니가 억수로 좋다

요놈, 봄

사월에 내린 눈

뽀드득 뽀드득
밟아 보아도 흔적 없는 발자국

참 이상 하지?

지난밤 빗소리에 마음 다 빼앗겼는데
녹지도 않고 새하얗게 쌓여만 있어

참 이상도 하네

혹시 너,
헤어지기 아쉬워
꽁꽁 얼어버린 건 아니지?

관계

귀는 말하지 못합니다
그래서 듣기만 합니다
입은 듣지 못합니다
계속 말만 하죠
말하지 못하는 귀는
들은 것을 입의 도움으로 전하고
듣지 못하는 입은
귀의 도움으로 듣고 말을 합니다
잘 듣고
잘 말하는 것은
서로에 대한 감사의 도리일 것입니다
혼자서는 살아갈 수 없는 우리들도
귀와 입처럼 부족한 것은 도움을 주고받으며
그래서 감사함도 아는
관계로 엮어지면 참, 좋겠습니다

흉터

상처 아문 자리
남은 흔적 선명하다

스스로 이겨낸 아픔
향기 없는 부상이면 어떠랴
이미 기억은 아름다운 향기를 품은 지 오래

꽃은 꺾일 때 향기로 아픔을 말하지만
살갗에 난 상처는 흉터로 남아
어렴풋한 추억을 기억한다

괄시만 했던 오른팔에 새겨진 삶의 흔적
아팠던 기억 사라지고
행복했던 그 시절 들여다보는 추억 속 사진이 되었다

사랑해, 살아있는 동안 가장 듣고 싶은 말

돌아보니
'그것이 사랑이었더라'라는 과거형보다
'이런 것이 사랑이구나'라고 말하는
현재형이고 싶습니다

사랑한다는 말,
살아있는 동안 가장 듣고 싶은 말입니다

하늘을 팝니다

필요한 만큼 무료로 드립니다

회색빛 하늘은 제가 조금 가질게요
전 지금 사색 중입니다

파란 하늘이 필요하시다면
얼른 서두르셔야 할 겁니다
워낙 인기 있는 알짜베기라서요

먹구름 가득 담긴 하늘은
농부님께 특별히 드릴게요

제게 고마워하실 필요는 없습니다
먼저 바라보는 분이 주인이니까요

사랑은 커피를 닮았다

사랑의 온도는 커피를 닮았다

식을수록 쓰다

그런 줄 알면서
금방 잊어버리고 다시 찾게 되는

사랑은 커피를 닮았다

당신

당신
이 한마디 썼는데
눈물이 고입니다

길지 않은 내 생에
당신을 만난 건
아침햇살보다 빛납니다

내 당신
이 한마디 불렀는데
가슴 미어지게 행복합니다

함께하고 곁을 지켜주는 당신이 있어
내가 더 빛나는 오늘
당신을 사랑하는 이유입니다

따뜻한 안부

표현이 서툴렀다
잘하고 있는 줄로만 알았던 표현이
늘 그랬다

바람의 움직임을 따라나섰던 발걸음에
궁금함이 많았던 것도
모든 것 딱 그만큼의 시절 탓이었다

낯선 시간 앞에 불쑥 손 내밀었던 무례함을
용서라는 이름으로 건사해 준 사람은
언니들이었다

눈물이 나는 것도 미안한 것도 다 사랑이었음을
이해하는 순간
나도 나이 들어가고 있음을 알았다

감사함을 알고도 안부조차 묻지 못한 세월
오늘은 봄비가 내린다

옷은 젖었더라도
마음만은 젖지 않은 시절을 만들어 준 언니들에게
봄비 편에 안부를 묻는다

등불이고 싶습니다

어둠 들어찬 나만의 방
문을 열어 조용히 불을 밝힙니다
충혈된 눈빛과 좌절의 아픔 담아
글을 밝혀도 좋겠습니다
몇 줄의 시로
닫힌 그대 가슴 열수만 있다면
조용히 다가가
어둠 밝히는 등불이고 싶습니다
눈부시지 않은 은은한 등불로
그대 가슴 환히 밝히고 싶습니다

꽃보다 아름다운 그녀

선녀를 만났습니다
빠알간 카네이션에 코를 대고
달콤한 향기를 맡는 모습
꽃보다 눈부신 그녀였습니다

반백을 사는 동안
꽃보다 화사한 사람은 처음입니다
부모님께 안겨드릴 꽃을 고르는
그녀 표정은 마치 선녀를 닮았습니다

한참을 멍하니 선녀를 바라보았습니다
마음의 향기가 느껴지는 모습에서
부모님의 모습이 떠올랐습니다
갑자기 눈물이 왈칵 쏟아집니다

위로합니다

해 떠나고
별도 달도 보이지 않는 시간
하늘과 산 갈라놓은 가느다란 선 하나
외롭게 누워 있습니다

사각거리는 빗소리라도 들려주었으면
꼬깃꼬깃 접어 두었던 예쁜 추억 하나 꺼내
까만 마음 밝혀 주었으면
등대에서 비추는 한줄기 불빛이라도
전해줄 수 있다면 좋겠습니다

이 모든 것이 허락되지 않는다면
아침 해 돌아올 때까지
아무 말 없이 어깨만 내어 드리겠습니다
그리움으로 물든 가슴
조용히 감싸드리겠습니다

절정, 장미

가장 노련한 자태로
별빛을 닮아있다
가장 황홀한 모습으로 물든 지금이
너의 절정이다

오월을 다 가진 너!

봄비

혼자 힘으로는
올 수 없었나 봅니다
텅 빈 가슴에
그리움 가득 담아 온 걸 보면

혼자 힘으로는
갈 수도 없었나 봅니다
눈물까지 채워져
발길 뗄 수 없게 만든 걸 보면

그리움도 눈물도
아프지만은 않은가 봅니다
이렇게 예쁜
꽃을 피운 걸 보면

소중한 친구가 있습니다

전화기에서 들리는 목소리만으로도
나의 기분이나 몸 상태를 나보다도 잘 아는 친구입니다
바쁘게 일하다가도 내 전화에 단 한 번도 귀찮아하지 않는
속 깊은 친구입니다
위로를 받고 싶을 때
친구의 스케줄을 묻지 않고도 술 한 잔 기울이자고
스스럼없이 말할 수 있는 친구입니다
마주 앉아 아무 말 하지 않아도 지겹거나 답답하지 않은
친구입니다
횡단보도를 사이에 두고 크게 하트를 그려줘도 부끄럽지
않은 친구입니다
우리 이렇게 오래오래 보자며
아프지 말기를 서로에게 빌어주는 친구입니다
난 참 행복한 사람입니다
그 친구가 내 친구라서

휴식

마침표를 찍으려는 순간

요란한 소리들에
이러지도 저러지도 못한 채
서성이고만 있었다

괄호 안에 다 담을 수 없다면
잠시 쉬어가야지

아름답게 이어갈
인생 이야기 속, 소중한 쉼표

사랑의 시작

얼마나 부드러운지는 중요하지 않다
얼마나 힘차게 부여잡았는지도
그리 중요한 것은 아니다

손가락 끄트머리 슬쩍 스치고도
진심을 담아 같은 곳 바라본다면

그대와 나
우린 이미 두 손 뜨겁게 맞잡은 것이리라

재회

봄바람이 그네를 탄다
맞닿을 수 있으리라 열심히 올라보지만
그저 스쳐 지나갈 뿐
전혀 반대 방향으로 오르고 있었다
오지 않을 것 같은 만남이지만
모든 것을 받아들이기로 한 시간

결국 떠나는 시작점에서 다시 만났다

유난히 푸른 창공으로 오르는
봄바람이 손을 흔들고 있다
짙은 여름에게,

가을 빗소리

도란도란 얼마나 즐겁던지

무슨 얘기 하는지
눈 감고 들어보았어

붉게 물든 나뭇잎 얘기였구나

우리 이야기인 줄 알았네

유월이 오면

유월이 오면
구름만큼이나 푹신한 풀밭 위에 누워
파아란 하늘에 그대 모습 그려보고
아껴둔 추억들 꺼내
석양보다 아름다운 강물 위에 띄워보자

유월이 오면
챙이 큰 밀짚모자 눌러쓰고
어디론가 훌쩍 떠나
풀벌레 노랫소리 묻은
밤바람도 맞아보자

유월이 오면
키보다 큰 창이 있는 찻집에 앉아
떨어지는 빗줄기
마디마디에 새겨지는 시 한 수씩 읊으며
사랑 노래 만들어보자

유월에는
우리가 꿈꿨던 시간
반짝이는 별빛 헤아리며 펼쳐가리라

선물, 홍시

생기발랄했던 얼굴
가을 햇살에 벌겋게 달아오른다
세상 가장 아름다운 빛깔로 물든 잎 뒤로 숨어보지만
감출 수 없는 자태
가을볕은 나만 따라 기운다

팽팽했던 피부 어느새 탄력 잃은지 오래
예약된 이별 앞에 선 초라한 모습
의외로 의연하다
두려움에 떠는 초라함보다는
차라리 스스로 추락하고 말 것을

오늘 아침 동박새 다녀간 흔적에
세월을 이겨온 삶 한순간 무너졌다
하지만 차분히 이겨낼 테다
누군가에게 선물로 안길
생의 마지막 내 모습일 테니

겨울비는 고독만 남기고

산에는 구름 놀고
처마마다 낙수 소리 구슬픈데
마른 잎들은 목 축이니 좋아라 방실대네

구름에 떠밀려 흘러가는 잔상들
먼 산 바라보며 돌아오라 손짓해도
동동주 한 잔 앞에 두고
추억 나눌 그림자조차 오지 않는구나

어쩌랴, 어차피 홀로 왔다 가는 인생
우두커니 빗물 고인 잔 들어
쓰디쓴 인생이나 마셔야지

제4부 당신에게

사랑한다는 건

밥은 먹었을까
아픈 데는 없을까
속상한 일은 없었을까

내 생각은 하는 걸까

내가 궁금한 건
오직 당신

막내야

막둥아!
마주 앉은 네 눈동자 속에
환하게 웃고 있는 내가 있어
연신 미소가 떠나질 않네

나를 바라보는 네 눈동자는 어느새
날 비추는 거울이 되었어

슬픈지 행복한지 다 보여
내 눈동자에도
네 미소 가득한 모습이 보이지?
우리 서로 닮은 것 같지 않니?

나는 너에게서 너는 나에게서
서로의 웃는 모습에서 행복을 보고 있구나
너와 나
우리는 서로에게 거울인가 봐

일 년은 삼백예순다섯 계절

일 년 열두 달
봄 여름 가을 겨울
네 개의 계절은 틀렸다
하루마다 햇살의 두께가 다르고
해가 머문 시간이 다르고
달빛의 광도가 다르고
나뭇잎의 빛깔이 다르다

오늘은 유월 이십팔일
또 하나의 새로운 계절이다

장마 안부

시퍼렇게 멍든 구름
햇볕에 그을려 싹 틔우는
소쿠리 위 감자 같아라
축축했던 몸 반짝 윤이라도 나던
그 시절 그리워라

붉게 익은 고추 바라만 보시는
어머니 한숨
정든 호박꽃 위로도 소용없어라
산허리까지 마실 나온
도둑고양이 구름
훠이 훠이 쫓아버려라

하나 둘 늘어나는 시름만큼
무거웠던 어머니 눈가
슬쩍 내미는 고운 햇살에
도망가는 구름처럼 가벼워졌구나

그날

까만 이슬방울 마주했던 그날
세상 모든 빛은 너와 나
우리 둘을 비춰 주었지

검지를 꼭 잡던
안개꽃 같던 새하얀 네 다섯 손가락

내 심장에 솜털 같은 볼 대고
꼬물꼬물 젖을 찾던 입술을 느끼는 순간
흐르는 눈물을 숨길 수가 없었단다

넌 기억 못 하겠지만
엄마는 하늘 아래 제일 행복한 표정이었어

고귀한 선물로 와 주었던 그날
그날의 행복함이 그대로 느껴지는 오늘이구나

딸아!
엄마에게로 와줘서 고마워!

꿈꾸는 아이에게

꿈은 아름답지
누구나 아름다운 꿈을 꾼단다
힘들거나 추한 모습을 꿈꾸는 사람은
아무도 없거든

무더운 여름 지나고
낭만 가득한 가을 어서 오기를 기다리지만
막상 그 가을 찾아와도 외로울지도 몰라
외로움에 아린 가슴은
첫눈을 그리워할 테지

아름다운 꿈 꾸어보지만
현실은 그런 것만은 아니더구나
그렇지만 여전히 꿈을 꾸는 이유는,
그래도 꿈은 아름답기 때문이야

난 오늘도 꿈을 꾸고 있어
너의 꿈이 아름답게 빛나기를!

슬픈 달의 노래

누군가 창을 두드립니다
반가운 마음에 내다보니
달빛이었습니다

너무 멀리 손 닿지 못하는 곳이라
빛 한 줄기 내려
창을 두드렸나 봅니다

애타게 그리운 이 있어
온 힘 다해 빛으로 다가온 달빛
그렇게라도 바라보고 싶은 존재였나 봅니다

해 뜨면 사라질 운명이지만
슬퍼하지 않습니다
다시, 해 떨어지고
달빛으로 곱게 물들 테니요

가을비 내리는 날

왜 그런 날 있잖아

부르는 소리에 대답하기도 싫은 날

미안하다는 노래 가사에
눈물이 핑 돌았어

가을비 쓸쓸히 내리는 오늘이
바로 그런 날이야

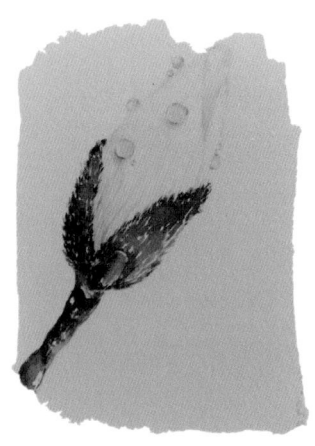

가을바람의 회상

개울물 징검다리 위
동네 개구쟁이들 모였습니다
연분홍 코스모스 꽃잎들이
프로펠러가 되어 돌아갑니다

누가 누가 더 빨리 돌리는지
누가 돌린 꽃잎이 늦게 개울물에 도착하는지
빨리 돌아가는 꽃잎이
오래 공중을 난다는 사실을 아는 아이들
힘껏 손가락을 비틀어 뱅그르르
징검다리 아래로 날려 보냅니다

저녁밥 먹으라고 부르는 엄마 목소리에
너도 나도 달리기 경주
연하고 진한 꽃잎들이 개울물에 동동
갈 길을 재촉합니다

어둑해진 징검다리 위에는
가을바람만 쓸쓸히 남아
아이들의 웃음소리 날리고 있습니다

콩깍지

당신보다 예쁜 꽃
못 보았다고 합니다

이 세상 그 어떤 꽃
당신만큼 예쁘지 않다고 합니다

그 어떤 아름다운 꽃
부럽지 않습니다

고마운 당신 마음이
세상에서 가장 예쁜 꽃으로 피어나게
해 주었으니 말입니다

가슴으로 피우는 꽃, 무화과

어여쁜 모습 드러내지 못하고
가슴으로 피우는 꽃이 있다

초라하게 지는 꽃잎 되기 싫어
열매와 사랑을 선택한 겁쟁이

붉은 잎 세상 밖으로 빛내 보지 못하고
열매의 가슴속에 갇힌 애절한 꽃

하지만 열매는 안다
겁쟁이도 아니고 가식도 아닌
진실 된 그대임을

진실 된 사랑은
모든 것 포기하고
서로의 가슴에 묻힐 수 있다는 것을 아는 그대,

가을이 온 것 같아 친구야!

아침 출근길이었어
짙은 초록빛 자랑하던 은행잎이
노르스름한 빛을 띄기 시작하더구나
그러고 보면 계절은 참 착실해, 그치?
구월이 온 것도 모를까 봐 이렇게 알려주니 말이야
그 자연스러움에 또 감탄하게 되네
작년 오늘 우린 뭘 했을까?
햇살 좋은 어느 꽃집에서 코를 박고
국화향을 맡고 있지는 않았을까?
그러고 보니 길 건너 꽃집에서 가을 향기를 솔솔
퍼뜨리고 있었구나
가을이 왔어 수정아!
참, 사랑스러운 가을이 왔단다

시인들의 이야기

꽃이 시를 씁니다
가을도 시를 씁니다
바람도 빗물도 사랑도 시를 씁니다

난 그저
당신들이 써 놓은 시
따라 옮겨 적은 것밖에 없습니다

시인은 내가 아니라
당신들입니다

어젯밤 꿈속에

어디선가 전해오는
소리의 이끌림으로 올려다본 하늘
하얗게 부서지는 파도 닮은
양떼구름만 가득합니다

구름으로 피어난
보고 싶은 얼굴들
허무한 그리움만 하얀 파도 되어
촘촘히 박혀있습니다

아버지,
그래도 걱정은 덜었습니다
어머니와 나란히 계신 모습이
어찌나 좋아 보이던지요

손 한 번 잡아보지 못한 아쉬움보다
두 분이 함께 계신 모습에
웃음 지으며 아침을 맞습니다

그립다는 것

심장 어딘가에서 바람이 불어옵니다
그리움 가득한 마음에서
눈물이 흘러내립니다

캄캄한 밤하늘은 이미 빛을 잃었고
풀잎을 스치는 작은 바람 소리는
누군가를 애타게 찾아 나섭니다

생의 길 중간 즈음, 소망 하나 있다면
그리움을 지워내는 일입니다
늘 곁에 두어 그리워할 틈을 주지 않기 위함입니다

그립다는 것은
눈물 나는 일입니다

흔적

반짝이는 별빛 같기도 하고
뚝 떨어진
그리움 한 방울 같기도 하다

지워지지 않는
그날의 기억

그 기억에게 안부를 묻는다

나도 그대처럼 무던한 삶이었으면 좋겠습니다

천 년도 아니고
고작 백 년도 안 되는 것을

숨 가삐 걸을 일 없고
무거운 짐 짊어지고
고달파 하지 않아도 되는 삶이었으면 좋겠습니다

세월에 익을수록
고운 웃음으로 반겨주고
가는 계절 묵묵히 이별할 줄 아는 삶이고 싶습니다

천년 세월 만어사3)를 지키고 서 있는
금빛 은행나무
나도 그대처럼 무던한 사람이고 싶습니다

---

3) 만어사(萬魚寺) : 경남 밀양시 만어산에 있는 대한불교조계종 제15교구 본사인 통도사의 말사

어머니

겨울 노송 껍질이 제아무리 거칠어도
세월에 푹 패여진 당신 손에 비하리오
갈라진 손등 사이로 흘러버린 인생사

천년만년 내 곁에 계실 줄 알았건만
언제 또 오신다는 기별도 안 주시고
하늘도 애가 타는지 마른 침만 삼키누나

청혼

은은한 달빛이었습니다

밤하늘 별빛이었습니다

내게로 왔으면 했던 기다림의 결실

드디어 내게로 왔습니다

당신이라는 빛

가을잎에게

고운 빛깔 발해 주어
고맙다는 인사도 아직 못했습니다

가면 또 언제 올는지
안부조차 묻지 못했습니다

가녀린 손가락 길게 뻗어
아쉬운 손짓으로 작별을 고합니다

앙상한 몸에 도톰한 살 차오르고
뽀얀 솜털 자랄 때까지만
그대 마음이라도 걸어놓고 떠났으면 좋겠습니다

선물

두 손에 쥐어주지 못해 미안해합니다
미안해하지 않아도 됩니다
매일매일 받는 걸요

당신이라는 선물

첫눈으로 다시 와주기를

처음 내게 왔던 그 순간
순수한 그 미소 잊을 수가 없습니다
어느 날 문득 소리 없이 찾아왔다가
차디찬 눈물만 남기고
떠나버렸던 지난겨울

다시 또 눈물만 남기고
떠날 당신이지만
여전히 기다리고 있습니다
하얀 미소 띠며 찾아올 당신
감히 당신을 너무나 그리워하고 있습니다

오늘 같은 날은

바스락 하늘을 밟을 수는 없을까
숨겨두고 내려주지 않으니 말이야

하얀 눈 맞으면 근심 걱정
하얗게 지워질지도 모르는데

꽁꽁 언 하늘 탕탕 두드려서
눈이라도 내리게 했으면 좋겠어

얼지 않은 세월

하얀 봇짐을 어깨에 둘러맸습니다
머리에 인 함지박에는 녹아내린 세월이 찰랑거립니다
행여나 쏟아질까 붙잡은 양손은 이미 꽁꽁 얼어버려
뗄 수가 없습니다
어서 햇볕 내려주기를 빌어보지만
하늘 덮은 먹구름은 두껍기만 합니다

함지박 인 머리도 잡은 손도
애타는 마음까지 얼어 버렸지만
세월을 얼게 하지는 못합니다
달이 차고 또 차서 환하게 비추는 날
온 세상 달빛으로 차고 넘칠 때
이 겨울도 세월에 장사 없다며
너털웃음 지을 겁니다

김장하러 왔습니다

푸르스름한 어둠을 타고 구부정히 오르는
군불 연기는 지난 시간의 향기를 피워 올립니다
새끼줄에 포박당한 메주 덩이들이 창을 쓰다듬는 달빛과
조우할 때
퀴퀴한 곰팡내 나는 겨울밤은
불현듯 지난 기억의 창고에서 문을 열고 나옵니다
구들방 아랫목같이 따스하고 긴긴 겨울밤처럼 무한했던
그 옛날 엄마의 손길을
구순을 바라보는 시어머니가 매달아 놓은 메주에서도
느껴봅니다
엄마의 흔적들이 진한 그리움으로 뿜어져 나오는 밤,
시린 별빛이 양철도단 지붕 위에 토닥토닥 떨어집니다
이 밤, 어디선가 나를 불러주실 것 같은
엄마의 모습이 밤하늘에 새겨져있습니다
오늘밤은 바람이 맵습니다

당신에게

꽃잎 같은 낙엽들이 온 세상을 뒤덮던 시월,
우리는 처음 만났습니다
나를 보며 환하게 웃던 당신 모습이
많은 시간이 지난 지금 이 순간에도
마치 눈앞에서 웃고 있는 것처럼 선연합니다
그렇게 당신이 내게로 왔습니다
꽃잎이 날아든 것처럼

참 많이 예뻐했습니다
내가 하는 말 한마디, 내가 하는 손짓 하나에도
최고라 해주는 사람입니다
우리는 닮은 점이 참 많은 사람이었습니다
식성도 보수적인 생각도 아픈 삶의 기억들도,
그래서 만남이 늘 즐겁고 감사했습니다

당신과 나, 우린 그런 사람들입니다
살아오면서 왜 아프고 섭섭한 마음이 없었을까마는
그것은 잠시 스쳐가는 바람이었을 뿐,
우리를 떠밀어내지는 못했습니다

여보, 지금 돌이켜 보니 당신 참 고마운 사람입니다
내게 했던 약속들을 지키려고 무던히도 애썼구려
그러지 않고서는 지금도 우리가 이렇게 사랑할 수
있었을까요
고마워요, 당신
그리고 사랑합니다

서평

서평

혜윰 시인

과거와 현재 어느 시대나 공감하는 가족 사랑과 휴머니즘을 소재로 한국 현대시를 사로잡았다

한국 근대 문학사에 있어 시의 정신세계를 이루는 근간이 가족과 사랑 그리고 휴머니즘에 대한 주제들이 큰 핵심이었다. 한글이 창제된 조선 이후 갑오경장을 거쳐 오며 일제 강점기와 한국전쟁에 이르기까지 가족이라는 공동체는 때론 추상적이었기도 하고, 또 때론 엄연한 실체로 문학작품과는 떼려야 뗄 수 없는 소재로 공존해 왔다.

아무리 문학이 허구라지만 가족을 모티브로 한 박정은 시인의 시는 가족이라는 테마를 중심으로 유난히 각별하게 부각된 현실 세계의 고백에 가깝다. 가족이라는 사회가 모티브 된 시를 통해 집안이라는 무대를 문학의 주제로 데려와 직설적 사랑을 표출해 낸 시집이 박정은 시인의 「기억에도 향기가 있을까?」라는 시라는 점에서 필자는 시인의 시집을 주목하는 이유이다.

한국 가사문학은 박정은 시인의 시를
시작으로 그 서막을 열었다

현대문학에서 한국 가사문학은 시인의 시를 시작으로 그 서막을 열었다. 달이 깎여 둥글어질 때까지 다듬고 다듬었을 시인의 시를 읽으며, 그녀의 가족에 대한 지독한 사랑이 얼마만큼 인지를 들여다볼 수 있었다. 시인의 시는 그냥 단순한 시가 아니라 지난 세월의 꿈이었고, 지난 인연에 대한 요상한 깊이를 기록하는 무게감이 진하게 배어 있었다.

얼기설기 엮어둔 지나온 생의 인연 따라 말로서는 도저히 다 표현해내지 못할 이야기들을 형형색색의 봄꽃보다 예쁜 시로 피어나게 하는 재주를 가졌다. 봄풀보다 푸른 빛깔의 언어를 나열하여 눈을 어지럽히기도 하고, 다듬어온 활자들의 배열에서 불꽃처럼 환한 시인의 시가 피어올라 있음을 알았다. 바람 따스해지고 벌 나비 꽃잎으로 날아드는 오월, 우물에서 길어 올린 듯한 시인의 낱말들이 눈물 한 바가지 흘리게도 했다가 때론 활짝 웃게도 하는 마법을 지녔다.

시인은 시집을 내면서 "꼬질꼬질 흙물 든 베신이 싫었고 차가운 겨울바람 빨갛게 언 볼이 창피했던 시절이 있었다. 금세 쏟아질 듯한 수많은 별들과 그 별들조차 하얗게 덮어버린 눈 쌓인 산골 생활이 시를 만들어가는 스승이었음을 지천명知天命이 되어서야 알았다.

눈으로 듣고 귀로도 볼 수 있음을 알게 해 준 내 어린 시절을 한없이 사랑하는 계절이다. 고향 하늘에서 별이 되어 시의 길을 열어주신 부모님께도 무한한 감사를 드리고 싶다. 나에게 글을 쓴다는 것은, 그리운 부모님을 만나는 것처럼 눈물 나는 일이다."라고 했다.

다 채우지 못하고 비우지 못한 지난 세월 앞에 고향은 늘 그리움의 대상이었고, 별이 된 부모에 대한 사랑 표현을 다 하지 못한 효에 대한 미안함을 그녀만의 표현으로 잉크에 묻은 펜촉에 마음을 그렸다. 이렇듯 박정은 시인의 시의 근간을 이루는 것은 전부 가족애 가득한 휴머니즘에 있음을 알 수 있다.

일상의 순간순간 조각을 직관하고 쉬운 단어를 구사하여 독자들에게 쉽게 다가서려는 특징을 보이는 시를 쓰는 작가 박정은

박정은의 시는 삶의 본질을 내면화하여 사람과의 관계를 성찰하고, 눈에 보이는 모든 현상을 세밀하게 관조하여

상상력의 전개를 동원하여 시를 만들고, 일상의 순간순간 조각을 직관하고 쉬운 단어를 구사하여 독자들에게 쉽게 다가서려는 특징을 보인다. 시인의 시는 현상적으로는 가족애와 자연이 전하는 이야기에 중점을 두며, 철학적으로는 휴머니즘 사상의 본원 탐구에 관심을 기울이고 있다.

시를 읽는 멋을 맛나게 조제할 수 있는 능력도 갖추었고, 절제와 유머감각까지 적절하게 조화를 이루게 하여 작가와 독자가 하나라는 동일화의 기법에 기반을 두고 시를 짓는 작가가 박정은 시인이라는 사실을 우리는 시인의 시집을 통해 알 수 있다. 고향하늘을 지키고 계신 엄마의 영혼에서 전해져오는 전율을 찾아 시의 노래를 부르는 시인의 시에 깊은 그리움이 묻어 있다. 수필로 등단의 길을 열고 일간신문에서 기획한 신춘문예에서 시로 등단한 보기 드문 문학계의 재원이다. 문학에 대한 열정이 가족 사랑의 결실로 연결되어 시집을 내는 결과를 만들었다. 문학이라는 도약의 길에 널린 시인의 시어들을 찾아 시인의 생각을 묻고 답하는 시적 프로세스를 만들어야겠다.

하늘의 별
당신만큼 빛날까요
내리는 빗소리
당신만큼 달콤할까요

석양에 물든 하늘
당신보다 아름답지 않고
떠오르는 태양
당신보다 벅차지 않습니다

보고픈 당신
눈 감으면 찾아올까
조용히 감아보지만
하얀 빗소리에 그리움만 더합니다

- 시 '당신, 어머니' 전문

누차 하는 말이지만 시집 전반에 걸쳐 두드러지게 나타나는 단어 선택이 대부분 가족 중심적이다. 특히나 고향하늘의 별이라 칭하신 어머니에 대한 서정은 시인 개인의 생각을 포착한 것 같지만 남은 형제들의 생각을 대변한 시라 읽혀진다. 석양에 물든 하늘이 제아무리 고와도 엄마의 모습보다는 못하다는 표현은 숙연함을 넘어 한국인의 보편적 정서를 확장시키는 역할까지 한다는데 의미를 두고 싶다. 얼마나 그립고 얼마나 보고 싶었을까?

어머니라는 서정이 '당신, 어머니'라는 시에만 국한되지 않고 시집 전체로 펼쳐져 결국에는 가족이라는 큰 울타리를 만들어 시집 전체를 구성한 것이라 할 수 있다. 어머니라는 존재의 가치는 살아오고 살아가는 우리 삶의 어느

한 시절에만 국한되는 것이 아니라 영원히 가슴속에 살아 숨 쉬는 영원불변의 존재 그 이상임을 시인은 말하려 했던 것이다. 어쩌면 시인 스스로가 누군가의 엄마이기도 하고 또 누군가의 딸이기도 하고 누군가의 아내이기도 한 삶의 자리에서 비롯되는 것이고 보면 '당신, 어머니'라는 시는 시인 스스로를 위로하는 시로 위에서 언급한 남은 형제들의 생각을 대변하기도 했지만 달리 해석하자면 자신의 현실에 대한 연민으로 이해해도 좋겠다.

손에 박힌 가시 하나에
온 살갗 쓰라리고
네 눈물 한 방울에
어미 두 눈은 짓무른다

아프지 말아라
눈물 흘리지 말아라
배곯지 말아라
하고 싶은 일은 꼭 해보거라

어미의 바람이란다
한 몸이었잖니, 우리는
사랑한다, 내 딸아!

— 시 '딸아'의 전문

수만 년 유구한 역사를 거슬러 올라 봐도 부모라는 자리에서 바라보는 자식이라는 존재는 늘 입안에서 궁글리는 이름으로 각인된다. 그만큼 부모는 자식에게만큼은 끝없는 희생과 무한한 내리사랑을 하고도 모자람이 있다는 생각에 주먹으로 가슴을 친다. 시인 역시 마찬가지이다. 어느 자식인들 열 손가락 깨물어 아프지 않은 손가락 없다는 말처럼 시인이 밝힌 딸에 대한 생각 또한 여느 부모의 마음 그 이상이다. '아프지 말아라 / 눈물 흘리지 말아라 / 배곯지 말아라 / 하고 싶은 일은 꼭 해 보거라' 이 몇 마디에 세상 부모의 마음 다 들어 있다고 해도 과언은 아니다.

귀한 딸의 존재를 부각시켜 시인은 엄마로서의 당부와 걱정을 담아 시를 썼다. 엄마는, 부모는 늘 궁극의 원형 하나를 가슴에 품고 사는 존재라는 사실을 시인의 시를 통해 또 느끼게 된다. 자식보다 귀한 것은 그 어떤 수단으로도 구할 수 없는 것임을 시인은 마지막 연에서 누설했다고 볼 수 있다. "사랑한다, 내 딸아" 굵고 짧은 이 한 마디가 시의 전체를 대변하는 결과론적인 의미를 지녔다는 것에 필자는 어떠한 토를 달지 않는 것이 좋겠다는 생각을 했다.

시인의 밤은 스스로를 반성하는 시간이다

온 세상에 이불처럼 내려앉은 어둠으로 밤은 보이지 않았던 것을 보이게 만드는 빛나는 그림자다. 밤은 낮은 목소리로 잠들지 못한 시인에게 말을 건다. 글 앞에 얼마나 진실 되고 겸손한 생각을 지녔느냐고? 시인의 생이 정확히 얼마인지는 필자는 아직 모른다. 수많은 인연들과 잊히고 다시 엮어져 왔을 세월이지만 살아오면서 어떤 형태로든 알게 된 여러 귀한 선 후배, 지인들에게 겸손을 잊고 무례한 말과 글로 본의 아니게 그들의 가슴에 못질을 하지는 않았는지? 특히나 가족에게 있어 자신의 존재는 '어땠을까?'에 대한 고민은 두말할 이유가 없을 만큼 수많은 밤 불면으로 지새웠을 흔적들이 글에서 묻어났다.

시인의 밤은 또 스스로를 반성의 시간으로 몰아넣었을 것 같다는 생각을 작가의 시를 읽으며 자주 느꼈다. 밤의 심연 속에는 인간의 모든 희망과 순수가 있다. 석양이 지나간 밤은 어둠이 내릴 때만큼이나 신비롭게 그리고 차츰차츰 시간의 이동에 따라 또 어디론가 물러가기 시작한다. 동쪽 하늘이 밝아 오면, 달빛은 희미하게 지워져가고 별들은 파리한 빛을 흘리다 하나씩 사그라진다. 이제 곧 밤이 남긴 모든 그림들이 다시 채색을 시작할 때 시인의 시상도 물들어 갔을 것이다. 사회로부터, 가정으로부터, 바른 시인의 자리에 올라서게 한 밤의 마지막 사색의 순간을 가장 아름답게 꾸미기 위한 공정, 그 끝에는 늘 박정은 시인의 시가 있었다.

살구꽃을 그려보고
진달래를 따 먹어 보아도
거름 녹아든 흙냄새가 진동을 합니다

세상 꽃들은 흐드러지게 피었는데
봄볕에 녹아내려
한숨 섞인 아버지 땀 냄새만
바람에 실려옵니다

그리운 향기 찾으려
개울가에 앉아 기억을 더듬어 보지만
시커멓게 그을린 구름 몇 조각
허무하게 떠내려갑니다

바람 편에 다시 실어 보내는 기억의 향기

아버지,
그곳에도 꽃은 만발하였지요?

-'기억에도 향기가 있다' 전문

아버지의 존재는 이미 먼 길 소풍 떠났음을 알 수 있다.
'기억에도 향기가 있다'라고 정의부터 내린 시인의 시에서
선친에 대한 기억의 향기가 아름다운 것을 보면 시인의

시는 그리움에 대한 아픔을 고마움과 감사로 대신한 작품으로 해석된다. 전통사회에서의 경제 활동은 아버지의 몫이었고, 아버지가 지닌 무게는 상상 이상이었던 시절이 있었다. 아마도 예상컨대 시인의 시 속에 내재된 시절 역시 이삼십 년은 족히 더 지났을 법한 당시의 기억을 추억하는 것 같다는 느낌을 받았다.

시인은 가부장적 사회에서 감당했을 아버지의 생생한 이력을 자식으로서 어찌 다 가늠했을까마는 이제는 시인 자신도 그 아버지의 나이만큼 된 생을 지나다 보니 둥글게 내려앉았을 아버지의 한을 시로라도 풀어내고 싶었던 게 아닌가 하는 생각을 하게 되었다.

기억의 향기, 밤과 낮이 수차 바뀌고 세월도 한참을 지난 지금, 여전히 시인의 마음 안에 가슴 깊이 자리하고 있는 무언가가 있다면 그것은 분명 어머니와 아버지의 존재 가치일 것이라는 사실은 부인할 수 없다. 기억은 세월 흐른다고 잊혀지는 것이 결코 아님을 알기에 그 기억 더듬어 다시 봄 안부를 아버지에게 전해야겠다는 생각을 표현한 시인의 시에 깊은 공감을 표한다.

부슬부슬 봄비 내리는 날
메마른 어머니 머리에 눈꽃이 피었습니다
희뿌연 입김이 눈앞을 가립니다

어머니,
봄비라지만 아직은 차갑습니다

앙상한 몸 살얼음이 덮을까 봐
들어가시라 수십 번 두 손 밀어 드려도
기어이 동네 어귀 돌아 나올 때까지
살얼음 이고 계십니다

내린 차창 차마 올리지 못하고
흩날리는 봄비를 맞습니다
차창 너머 빗소리에 흠뻑 젖은 봄,
어머니 마음처럼 쓸쓸하게 따라옵니다

-'어머니의 봄' 전문

허한 마음속 비워두고 내려놓고 시댁을 다녀오며 시어머니를 홀로 두고 떠나오는 마음을 그려낸 시다. 자식을 배웅하는 어머니의 모습을 바라보며, 시인은 또다시 흩어진 생각들을 가지런히 모으며 눈시울을 붉혔다. 겨울에서 봄으로 가는 시골 들녘에 어둠이 내리고 계절은 봄이라지만 아직은 차가운 날씨임에도 어머니는 떠나는 자식들이 탑승한 차가 보이지 않을 때까지 그 자리에 서 계신다. 떠나는 것에 대한 저항은 부모라서가 아니라 여태 한 번도 해보지 못한 어머니의 고정된 마음으로 그저 떠나는 자식들의 무사안위를 기원할 뿐이다.

아직 스러지지 않은 어스름의 안개 낀 시골의 풍경을 서정 가득한 시로 묘사했다. 살아오며 이런 저런 일들로 시어머니에게 불편한 언어를 남발하며 아픔을 주는 며느리는 아니었는지 시인의 봄밤은 복잡 미묘하다. 늘 부족했을 거라는 자책으로 시인의 생각은 좋았다가 흐려졌다가를 반복하기도 하는 밤하늘처럼, 마술 상자 속 마법의 밤처럼, 어둠이 여전히 군림하고 있는 밤의 모습으로 무언지 알 수 없는 생각들이 내재 되어 있음을 알 수 있다. 아침을 기다리는 바로 지금의 밤하늘을 두고 쓸쓸히 혼자 계실 어머니에게 고마움을 전하는 시에서 시인의 따뜻함이 느껴진다.

당신과 마주했던 햇살이 기억납니다
눈부시게 피어올랐던 그리움이
한 가슴으로 스며들었던 시간

유난히 따스했던 12월 오후
한 가슴이던 눈부신 시간
행복함 눈에 담고 떠나신 아버지

아버지, 당신을 기억하겠습니다

-'12월의 햇살' 전문

사람은 누구나 그러하지만 나도 모르게 고마움이란 단어

의 의미를 망각하고 만다. 삶의 실천에 있어 자신을 낮추며 부모에게 감사하고 고마워해야 함을 여러 현자들의 가르침에서 우리는 알고 있다. 부모에게 부족했던 사람은 아니었는지 날마다 자신을 낮추고 기억들을 떠올려보지만 자식으로 시인의 마음은 늘 잘한 일보다 못한 일들만 떠올랐을 것이다. 잘하기 위한 연습이 있다면 연습을 해서라도 잘함의 기준을 따를 자격을 보유하고도 남았을 시인의 마음이 표현된 시로 해석된다.

12월의 햇살을 받으며 하늘나라로 가신 아버님에 대한 '추모 시'이다. 좀 더 잘해드리고 좀 더 며느리로서의 도리를 다했던 삶이라면 하는 마음이 고스란히 녹아있다. 저 멀리 어딘가에서 아버지의 기침 소리가 들려오는 듯한 느낌이 들게 하는 탁월한 감각이 돋보인다. 아버지를 기억하는 시인의 마음이 눈물겹고 가련하다.

당신과 나, 우린 그런 사람들입니다
살아오면서 왜 아프고 섭섭한 마음이 없었을까마는
그것은 잠시 스쳐가는 바람이었을 뿐,
우리를 떠밀어내지는 못했습니다

여보, 지금 돌이켜 보니 당신 참 고마운 사람입니다
내게 했던 약속들을 지키려고 무던히도 애썼구려
그러지 않고서는 지금도 우리가 이렇게 사랑할 수 있었을까요

고마워요. 당신
그리고 사랑합니다

　　　　　　　　　　　-시 '당신에게'의 일부

서로를 위해 희생하며 살아야 하는 오늘이란 삶은 내게 어떤 의미일까? 이래저래 생각이 많아지게 하는 시이다. 많은 것을 쏟아부어 희생한 결과물로 만들어진 관계의 끈이 부부이다. 지나온 시간 남편에 대한 감사함이 글 속에서 반짝인다. 타인으로 만났던 생이 결국엔 하나의 공동운명체가 되어 세월을 지켜냈다. 살아오며 섭섭하고 아팠던 기억 왜 없으랴마는 모든 것 잠시 스쳐가는 바람일 뿐이라고 시인은 말한다. 모든 아쉬움은 지난 세월 속에 아픔으로 날려버리고 지난날의 기억을 아름다운 추억이란 이름으로 들추어보는 오늘이다.

세상 어디에서나 있을 법한 사람이지만 세상 어디에고 결코 없는 사람, 살아오던 생의 어느 모퉁이를 돌아오며 우연과 필연의 이치를 따져 물었던 사람이 있었다면 어디 몇이나 될까? 부부의 삶은 그래서 더 미안하고 기다림은 힘겹고 그리움은 더 진하게 익어가는 것인지도 모른다. 시인의 가정에 평화와 화목이 깃들 수밖에 없음이 시의 모퉁이 모퉁이마다에 깔려있다.

막둥아!
마주 앉은 네 눈동자 속에
환하게 웃고 있는 내가 있어

연신 미소가 떠나질 않네

나를 바라보는 네 눈동자는 어느새
날 비추는 거울이 되었어

슬픈지 행복한지 다 보여
내 눈동자에도
네 미소 가득한 모습이 보이지?
우리 서로 닮은 것 같지 않니?

나는 너에게서 너는 나에게서
서로의 웃는 모습에서 행복을 보고 있구나
너와 나
우리는 서로에게 거울인가 봐

-시 '막내야' 전문

눈에 넣어도 아프지 않은 존재가 자식이라는 이야기는 이미 밝힌 바 있다. 시인은 거울이라는 명사를 주제로 막내에 대한 사랑을 고백했다. 모든 거울이 지닌 의미는 우리가 아는 것처럼 바라보는 자신을 선명하게 비추는 물건으로 자신의 얼굴에 묻은 때가 있어도 이를 바로 나타내는 효과를 지닌 물건이라는 사실에 있다. 여기서 우리가 주목해야 할 점은 시인은 이런 관조의 눈으로 시를 이끌어가는 주제에 거울을 끌어들였다는 사실에 시상 선택이 대단함을 알아야 한다는 사실이다.

자식은 부모의 거울이다. 자식의 행동을 보면 그 부모를 보지 않고서도 평가할 수 있음을 우리는 안다. 자식은 부모의 뒷모습을 보고 자란다고 했다. 시인의 삶은 시집에서 보이는 모습만 들추어봐도 어떤 삶을 살아가는 사람인지를 인지할 수 있었다. 부모에게, 남편에게, 자식에게 철두철미한 자제력과 스스로에 대한 굳건한 통제력으로 엄마로서의 삶에 최선과 최고인 모습이 느껴졌다. 서로의 거울, 분명 막내의 인성도 바르고 단단한 사람으로 성장해 가리라 확신하는 이유이다.

시퍼렇게 멍든 구름
햇볕에 그을려 싹 틔우는
소쿠리 위 감자 같아라
축축했던 몸 반짝 윤이라도 나던
그 시절 그리워라

붉게 익은 고추 바라만 보시는
어머니 한숨

정든 호박꽃 위로도 소용없어라

산허리까지 마실 나온

도둑고양이 구름

훠이 훠이 쫓아버려라

하나 둘 늘어나는 시름만큼

무거웠던 어머니 눈가

슬쩍 내미는 고운 햇살에

도망가는 구름처럼 가벼워졌구나

-시인의 시 '장마 안부' 전문

셀 수도 없는 아득한 고대로부터 인류의 직립보행이 시작된 시선은 늘 한곳으로 고착화되어 있다. 시인의 마음은 늘 한결같이 부모이고 가족에 집중되어 희생하는 삶이었다. 시를 읽으며 일반적인 듯하면서도 평범하지 않은 견고한 생각에 감탄을 아니 할 수 없었다. 효심 지극한 시인이라는 확신이 어머니의 근심 표현에서 다 읽혀졌다. 여름 장마는 시골에서 살아본 사람이면 다 안다. 힘들고 어렵게 지은 농작물에 대한 피해가 어느 정도인지를 알기 때문이다. 시인의 시선은 늘 어머니에게 머물러 있었고, 숨죽여 인내하다 가족에게서 끝이 났다. 요즘 참 보기 드문 효녀 시인을 우리가 만났다.

시퍼렇게 멍든 구름이라는 첫 연에서 이 시가 빚어내는

긴장감을 알 수 있다. 우리에게 익숙한 이야기들이지만 교훈적 내용을 탑재한 야무진 시라는 점에서 높이 평가하고 싶은 작품이다. 시인의 시선은 늘 남다른 의미를 길러내는 작품으로 구성되어 있듯 이 시 또한 시인이 추구하는 쉽고 편하게 독자들과 교감하고자 했던 의지가 느껴진다.

일상의 사물들에 덧붙여진 시인의 마음이 수많은 의미를 길어 올렸다. 어머니의 근심까지 햇살이 훔쳐가기를 바라는 마음에서 시를 읽다 말고 자신은 부모에게 어떠한 자식인가를 돌아보게 했다.

박정은 시인의 시는 번뜩이는 직관의 서정 앞에 알 수 없는 전율을 느끼게 했다

고대로부터 시인은 최고의 지성으로 선택된 부류의 사람들이다. 그러한 이유로 시인은 먹물 가득한 학문을 겸비한 선비에게도 속물의 시정잡배에게도 섞이지 않았고, 정치와도 거리를 둔 고독과 외로움을 스스로 즐길 줄 아는 신의 경지에 오른 사람들이었다. 여전히 시인되기를 갈망하는 일은 쓸쓸하고 고독한 일임에도 그 경지에 올라서고자 함은 세상 모든 것들과 소통하며 정치, 경제, 사회, 문화 전반에 걸쳐있는 그 어떤 전문성을 지닌 사람보다 더

진보한 존재의 가치를 드높이고 싶은 욕망인지도 모른다.

시인의 존엄이 무너지고 시가 독자 대중들로부터 외면받게 되는 시절이 오더라도 시인의 시는 독자들의 사랑에서 벗어날 수 없을 것 같다는 결론을 내린다. 시인은 아름다운 언어로 가득한 들길에서 거닐기를 즐겨 하고 무엇보다 가족을 사랑하는 마음 가득한 시를 좋아한다. 시편마다 번뜩이는 직관의 서정 앞에서 알 수 없는 전율을 느꼈다. 낱말 하나하나에서 어우러지는 글의 조화는 한글이 얼마나 고귀한 것인지를 알게 하는 진수를 느끼게도 했다.

아무 말 하지 말고 기다리자, 봄, 기다리다 보면 시인의 시집 「그리움에도 향기가 있을까?」를 읽은 독자들의 탄성이 울릴 것이리니

박정은 시인이 보여주는 아기자기하고 탐스런 시의 바다에서 펼쳐지는 어마어마한 넘나듦의 경계를 보았다. 여기서 필자는 시인의 시가 기존의 어느 유명 시인의 시가 추구하는 미학에 뒤진다고 말할 수 없을 거라는 결론에 도달했다.

어느 독자가 감히 말할 수 있을까라는 평을 들을 날 곧 도

래할 것이 분명하다. 박정은 시인의 시집에 감히 서평을 할 수 있는 영광을 얻은 필자는 '박정은'이라는 이름 석 자가 21세기를 이끌어갈 한국 문학사 100년에 확고부동한 자리매김을 하게 될 것이라는 사실을 미리 천명하는 바이다.